L'Italia a Tavola

40 Ricette Gustose Per Imparare a Cucinare Divertendoti

Frank da Vinci

PUBBLICATO DA: Green Book Publishing LTD

© **Copyright 2021 by Frank da Vinci – Tutti i Diritti Riservati.**

Nessuna parte di questo libro può essere riprodotta in qualsiasi forma senza autorizzazione scritta dell'autore.

Proprietà Letteraria Riservata

Green Book Publishing LTD

58 Warwick Road – W5 5PX – London

Prima Stampa: Marzo 2021

Indice

Gli Antipasti 6
Alici all'Aceto 6
Antipasto di Pomodori Secchi 8
Tartine al Salmone 10
Tartine con Caviale 12
Zucchine Ripiene 14
Capesante al Forno 16
Carciofi con Prosciutto 18
Crostata alle Cipolle 20

I Primi Piatti 22
Gnocchi alla Zucca 22
Risotto Radicchio e Zola 24
Cannelloni ai Funghi 26
Tagliolini alla Bolognese 28
Pennette con Zucchine e Gamberetti 30
Ravioli di Funghi 32
Crespelle alla Fiorentina 34
Bucatini all'Amatriciana 36

I Secondi Piatti 38
Anatra all'Ananas 38

Arroz con Pollo 40

Aragosta alla Catalana 42

Baccalà alla Fiorentina 44

Frittata alle Cipolle 46

Frittata di Carciofi 48

Salsicce e Verza 50

Tagliata di Pesce Spada 52

I Contorni 54

Patate in Padella 54

Zucchine Trifolate 56

Cipolle al Forno 58

Crema di Patate e Avocado 60

Verdure in Agrodolce 62

Sformato di Spinaci 64

Carote al Marsala 66

Carciofi alla Diavola 68

I Dolci 70

Baci di Dama 70

Biscottini alle Nocciole 72

Semifreddo al Cioccolato 74

Sorbetto alle Fragole 76

Lunette al Gianduia 78

Tortino alla Crema di Ricotta 80

Strudel di Mele 83

Crema Catalana 85

Gli Antipasti

Alici all'Aceto

Porzioni: 4 persone

Ingredienti:

- alici freschissime, 500 g.
- farina, q.b.
- sale e pepe, q.b.
- foglioline di menta, q.b.
- aceto di vino, q.b.

Preparazione:

1) Pulire bene le alici e spinarle, privandole prima della testa e della coda e poi aprendole in due. Infarinarle e friggerle da entrambi i lati in olio d'oliva bollente. Scolarle ed asciugarle su carta assorbente.

2) In una ciotola emulsionare dell'olio d'oliva con un po' d'aceto, sale e pepe a piacere. Mettere le alici in una pirofila, irrorandole con l'emulsione all'aceto ed aggiungere sulla superficie delle foglioline di menta fresca. Prima di consumarle, lasciarle a marinare per un'ora abbondante in frigorifero.

Antipasto di Pomodori Secchi

Porzioni: 2 persone

Ingredienti:

- pomodori, 240 gr.
- basilico, q.b.
- sale grosso, q.b.

Preparazione:

1) Pulire e tagliare i pomodori a metà. Spolverizzare con il sale grosso. Disporre sopra l'altra metà del pomodoro facendo attenzione a non far cadere il sale. Metterli su una grata. Attendere 3 giorni che terminino di perdere l'acqua.

2) Aprirli e metterli al sole su un appoggio di legno. Sarà considerato pronto una volta secco.

Disporre sopra ogni metà del sale, delle foglie di basilico e fissare con l'altra metà di pomodoro. Porli in recipienti con chiusura ermetica. Comporre ogni vasetto a strati, alternando fra strati del sale e basilico.

Tartine al Salmone

Porzioni: 2 persone

Ingredienti:

- pane in cassetta, 2 fette
- salmone affumicato, 4 fettine
- limone, q.b.
- maionese, q.b.
- Pepe rosa, q.b.

Preparazione:

1) Affettare a triangolini il pane a cassetta e levare la crosta.

Porre al centro la fettina di salmone. Decorare con gocce di maionese e pepe rosa.

Tartine con Caviale

Porzioni: 2 persone

Ingredienti:

- pane in cassetta, 4 fette
- caviale nero, 2 cucchiai
- burro, q.b.

Preparazione:

1) Stendere sulle fette di pane a cassetta il burro. Togliere la crosta e tagliare a triangoli. Stendere il caviale nero. Buon appetito!

Zucchine Ripiene

Porzioni: 2 persone

Ingredienti:

- zucchine, 2 grosse o 4 piccole
- foglie di basilico, 3
- pomodori pelati, 2
- burro, q.b.
- parmigiano grattugiato, 30 gr.
- uova, 1
- sale e pepe, q.b.
- olio extravergine d'oliva, q.b.

Preparazione:

1) Affettare le zucchine a metà e vuotare l'interno. Sminuzzare la polpa ricavata. Fare soffriggere con un filo d'olio.

2) Tagliare a spicchi i pomodori. Incorporare alla polpa di zucchine i pomodori e il basilico. Fare cuocere per un quarto d'ora. Mettere il composto in una ciotola. Aggiungerci l'uovo e il parmigiano grattugiato. Amalgamare bene. Regolare con sale e pepe e del pangrattato.

3) Oliare una placca da forno. Adagiarci le zucchine vuote. Farcire con il composto ottenuto. Appoggiare sopra la farcia una noce di burro. Infornare per 30 minuti a 180°C. Servire gratinati e fumanti.

Capesante al Forno

Porzioni: 6 persone

Ingredienti:

- capesante, 12
- vino bianco secco, 1/2 bicchiere
- aglio, 2 spicchi
- prezzemolo, 1 ciuffo
- pangrattato, 4 cucchiai colmi
- olio d'oliva, q.b.
- sale e pepe, q.b.

Preparazione:

1) Lavare le capesante. Con l'aiuto di un coltello, aprirle ed estrarne i molluschi con il loro corallo. Lavarli e lasciarli da parte. Rilavare anche le conchiglie e scegliere le metà più adatte.

2) Preparare il ripieno tritando il prezzemolo e l'aglio. Diluire poi con un po' di vino bianco e di olio d'oliva. Aggiungere sale e pepe. Si otterrà così un impasto morbido e omogeneo. Mettere i molluschi nelle conchiglie e coprirli con l'impasto di pangrattato. Versare sopra un goccino di olio.

3) Sistemare le cape così preparate nella piastra. Farle gratinare nel forno caldo per dieci/quindici minuti. Quando sulla loro superficie si sarà formata una crosticina dorata, saranno pronte. Servirle calde. Buon appetito!

Carciofi con Prosciutto

Porzioni: 2 persone

Ingredienti:

- carciofi, 4
- prosciutto cotto tritato finemente, 60 gr.
- uovo sodo, 1
- pangrattato, 1 cucchiaio
- vino bianco, 1/2 bicchierino
- limone, ½
- prezzemolo tritato, q.b.
- olio di semi, q.b.
- sale e pepe, q.b.

Preparazione:

1) Privare della punta, togliere i gambi e aprire i carciofi. Sfregare con del limone e pulire dalla peluria. Tritare finemente il prosciutto, il prezzemolo e l'uovo sodo.

2) Portare a cottura i triti amalgamati in una padella con un filo d'olio. Aggiustare di sale e pepe. Farcire i carciofi.

3) Mettere i carciofi in una placca da forno riscaldata e oleata. Unire il vino. Infornare a 180°C per 40 minuti. Spennellare i carciofi con una punta di olio e servire. Buon appetito!

Crostata alle Cipolle

Porzioni: 2 persone

Ingredienti:

- pasta brisé, 200 g
- cipolle, 500 g
- burro, q.b.
- panna liquida, 80 g
- farina, q.b.
- uova, 2
- olio extravergine d'oliva, q.b.
- sale e pepe, q.b.

Preparazione:

1) Spianare la pasta brisé in una sfoglia alta 50 mm. Adagiarla in una tortiera imburrata e infarinata. Fare uscire abbondantemente i bordi della pasta. Levare la pasta in eccesso.

2) Sminuzzare a julienne la cipolla. Farla saltare con una noce di burro. Aggiustare di sale e pepe. Portare a cottura a fuoco dolce per 20 min. Circa.

3) Incorporare in un pentolino un uovo e la panna. Amalgamare con la farina e rimestare. Unire le cipolle al composto ottenuto. Vuotarlo all'interno della tortiera e piegare i bordi verso la farcia.

4) Formare delle strisce con la pasta in eccesso. Alternarle sopra il composto a modo di grata. Mettere in forno a 180°C per 45 minuti. Servire calda. Buon appetito!

I Primi Piatti

Gnocchi alla Zucca

Porzioni: 2 persone

Ingredienti:

- zucca gialla (senza scorza), 250 gr.
- farina bianca, 100 gr.
- uovo, 1
- sale e pepe, q.b.
- burro, 50 gr.
- ricotta affumicata, 50 gr.
- salvia, 3 foglie

Preparazione:

1) Far cuocere al vapore la zucca già pulita. Frullarla e fare freddare. Amalgamarci l'uovo e aggiungere la farina. Rimestare bene.

2) Portare ad ebollizione l'acqua per la cottura. Tuffarci degli gnocchetti ricavati dall'impasto. Scolarli con un mestolo forato non appena tornano a galla. Disporli nel piatto di portata e insaporire con burro fuso e salvia. Condire con ricotta grattugiata. Buon appetito!

Risotto Radicchio e Zola

Porzioni: 6 persone

Ingredienti:

- 500 gr. di riso carnaroli,
- 400 gr. di radicchio trevisano,
- 400 gr. di gorgonzola dolce,
- 1 bicchiere di vino bianco,
- mezza cipolla tritata,
- 50 gr. di burro,
- 1 lt. di brodo vegetale,
- sale, q.b.

Preparazione:

1) Mettere ad imbiondire la cipolla tritata in una pentola con il burro. Unire il riso e tostare il riso. Bagnare con il vino bianco e una volta evaporato il vino coprire con il brodo bollente. Regolare di sale e lasciar cuocere.

2) A metà cottura circa, aggiungere il radicchio a listarelle e il gorgonzola a pezzettini. Continuare la cottura avendo l'accortezza di rimestare in continuazione per evitare che il formaggio si attacchi al fondo della pentola. Una volta terminata la cottura, servire immediatamente decorando con qualche listarella di radicchio. Buon appetito!

Cannelloni ai Funghi

Porzioni: 4 persone

Ingredienti:

- 350 gr. di funghi tritati,
- 1 cipolla media tritata,
- 1 spicchio d'aglio,
- 1 cucchiaio di timo tritato,
- 1/2 cucchiaino di noce moscata,
- 4 cucchiai di vino bianco,
- 4 cucchiai di pangrattato,
- 12 fogli di pasta per cannelloni,
- scaglie di parmigiano,

Per la salsa:

- 1 peperone rosso,
- 1 bicchiere di vino bianco,
- 2 tazze di passata di pomodoro,
- 2 cucchiai di concentrato di pomodoro,
- 1 cucchiaino di zucchero.

Preparazione:

1) Scaldare il forno a 200°C. Porre in un tegame funghi cipolla e aglio, aggiungere il timo, la noce moscata e il vino, coprire e portare a bollore per 10minuti.

2) Scaldare la griglia, tagliare a metà il peperone e arrostirlo. Togliere la buccia e passarlo nel mixer col vino, e versare tutto in 1 tegame. Mescolare gli altri ingredienti della salsa, salare e pepare. Far sobbollire per 10 min.

3) Coprire la base di 1 pirofila con 1 strato sottile di salsa e riempire i cannelloni con la composta di funghi. Adagiarli nella

pirofila e spargere sopra il resto della salsa. Coprire con la carta da forno e infornare per 40 minuti. Buon appetito!

Tagliolini alla Bolognese

Porzioni: 2 persone

Ingredienti:

- tagliolini, 160 gr.
- manzo tritato, 100 gr.
- mortadella, 30 gr.
- vino rosso, 1/2 bicchiere.
- concentrato di pomodoro, 1/2 cucchiaio
- burro, q.b.
- trito di sedano, carota, cipolla, 4 cucchiai
- parmigiano grattugiato, q.b.
- sale, q.b.

Preparazione:

1) Fare appassire un trito di verdure in un tegame con del burro. Unire la carne macinata e far rosolare. Sistemare di sale e pepe. Bagnare con il vino rosso e fare sfumare.

2) Unire la mortadella tagliata a cubetti. Aggiungere il concentrato di pomodoro diluito in poca acqua. Coprire il tegame e cucinare per 1 ora circa. Allungare se necessario con poca acqua tiepida.

3) Cucinare i tagliolini. Scolarli e farli saltare con il ragù. Insaporire con parmigiano e servire! Buon appetito!

Pennette con Zucchine e Gamberetti

Porzioni: 2 persone

Ingredienti:

- pennette, 200 gr.
- zucchine, 2 di medie dimensioni
- gamberetti, 220 gr.
- pesto, 1 cucchiaio
- alloro, 1 foglia
- sedano, carota, cipolla, q.b.
- zafferano, circa 1/2 bustina
- olio extravergine d'oliva, q.b.
- sale, q.b.

Preparazione:

1) Privare del guscio i gamberetti. Sistemare i gusci in una pentola con dell'acqua. Unire le verdure più l'alloro e preparate un fumetto di pesce. Mondare e sciacquare le zucchine. Ridurle a pezzetti. Scaldare in un tegame un filo d'olio e aggiungerci le zucchine. Coprire il tegame e farle trifolare. Sistemare di sale e incorporarci il pesto.

2) Stemperare lo zafferano in mestolo abbondante di fumetto. Bagnare con questo brodo le zucchine e lasciare svanire. Terminare la cottura.

3) Portare a cottura la pasta e scolarla. Sistemarla nel tegame con la salsa. Saltare il tutto in modo che la pasta leghi con la salsa. Servire. Buon appetito!

Ravioli di Funghi

Porzioni: 2 persone

Ingredienti:

Per la pasta:

- farina di castagne, 80 gr.
- farina, 100 gr.
- uova, 2
- olio di oliva, 1 cucchiaio
- sale, q.b.
- acqua, q.b.

Per il ripieno:

- scalogno tritato, ½
- pinoli, 1 cucchiaio
- prezzemolo, un ciuffo
- funghi freschi o surgelati, 140 gr.
- sale e pepe, q.b.
- burro fuso, q.b.
- parmigiano, q.b.

Preparazione:

1) Preparare la pasta. Amalgamare bene tutti gli ingredienti. Avvolgere la pasta nella pellicola trasparente. Lasciarla riposare in frigorifero per circa mezz'ora.

2) Fare appassire in un po' d'olio lo scalogno tritato. Aggiungere il prezzemolo, i pinoli, i funghi, il sale ed il pepe. Far cuocere bene e fare raffreddare. Frullare il tutto.

3) Stendere la pasta. Farcirla con il ripieno. Ricoprire con il secondo strato di sfoglia. Ritagliare i ravioli. Cuocerli in

abbondante acqua salata. Condirli con abbondante burro fuso e parmigiano e servire. Buon appetito!

Crespelle alla Fiorentina

Porzioni: 2 persone

Ingredienti:

- spinaci, 150 gr.
- ricotta, 100 gr.
- farina, 50 gr.
- burro, 40 gr.
- uova, 2
- latte, 1/2 bicchiere
- besciamella, 250 ml.
- salsa di pomodoro, q.b.
- parmigiano grattato, q.b.
- noce moscata, q.b.
- sale e pepe, q.b.

Preparazione:

1) Portare a cottura gli spinaci e sminuzzarli. Sistemarli in una bastardella. Unire la ricotta e un uovo. Insaporire con 2 cucchiai di parmigiano. Sistemare di sale e pepe e aggiungere un pizzico di noce moscata. Lavorare bene il tutto. Lasciare da parte.

2) Sbattere l'uovo rimasto con il latte. Aggiungerci 25 gr. di burro fuso. Unire la farina e sistemare di sale. Si otterrà una pastella liscia.

3) Passare del burro in un padellino. Versarci poca pastella e cucinare le crespelle da entrambe le parti. Continuare fino ad esaurire il composto. Farcire le crespelle con l'impasto di spinaci e ricotta. Avvolgerle come se fossero dei cannoli e sistemarle in una teglia unta di burro.

4) Nappare con la salsa besciamella. Velare con del parmigiano. Tingere la superficie con chiazze di salsa pomodoro. Infornare a forno già caldo per 20 min circa. Togliere e servire. Buon appetito!

Bucatini all'Amatriciana

Porzioni: 4 persone

Ingredienti:

- bucatini, 500 g.
- guanciale di maiale, 125 g.
- cipolla rossa, ½
- olio extravergine di oliva, 3 cucchiai
- peperoncino piccante, 1
- sale e pepe, q.b.
- vino bianco secco, 1/2 bicchiere
- pomodori maturi da sugo, 600 g.
- pecorino stagionato grattugiato, 100 g.

Preparazione:

1) Porre in un tegame l'olio ed il guanciale tagliato a dadini. Rosolare il guanciale nel vino bianco evitando però di farlo asciugare troppo. Una volta dorato toglierlo dall'olio servendovi di un mestolo forato ed usare lo stesso olio per fare imbiondire la cipolla tritata finemente unita al peperoncino.

2) Aggiungere quindi i pomodori, pelati, privati dei loro semi e scolati dall'acqua. Lasciar consumare a fuoco moderato per 10 minuti. Unire il guanciale messo da parte e continuare la cottura della salsa a fuoco lento finché non sarà consumata. Aggiustare solo verso la fine di sale e pepe.

3) Cuocere nel frattempo i bucatini in abbondante acqua salata. Scolarli al dente e porli in un piatto di servizio concavo cui unire la salsa ed abbondante formaggio pecorino grattugiato. Mescolare e servire ben calda. Buon appetito!

I Secondi Piatti

Anatra all'Ananas

Porzioni: 2 persone

Ingredienti:

- anatra, ½
- cipolla, 1
- ananas sciroppate, 1 confezione
- olio extravergine di oliva, 2 cucchiai
- brandy, 1/2 bicchiere
- sale e pepe, q.b.

Preparazione:

1) Sminuzzare la cipolla. Farla imbiondire in un tegame con un filo d'olio.

2) Adagiarci l'anatra e farla rosolare bene. Bagnarla e fare fiammeggiare con il brandy. Continuare la cottura. Bagnarla di tanto in tanto con lo sciroppo di ananas. Aggiustare di sale e pepe. Terminare la cottura in forno a 200°C.

3) Unire a cottura ultimata l'ananas ridotto a cubetti. Servire il piatto accompagnato da patate lesse. Buon appetito!

Arroz con Pollo

Porzioni: 2 persone

Ingredienti:

- pollo tagliato a pezzettini, 250 g
- olio d'oliva, 1 cucchiaio
- riso, 1 tazza
- cipolle affettate, 1/2 tazza
- aglio tritato, 1 spicchio
- acqua, 1 tazza e mezza
- pomodori pelati, 250 g
- dado da cucina, ½
- sale, 1 cucchiaino
- zafferano, 1/4 di cucchiaino
- piselli, 1/2 tazza
- peperoncino rosso in polvere, q.b.

Preparazione:

1) Cospargere il pollo con il sale, porlo in una casseruola con l'olio d'oliva, farlo dorare per 15 minuti circa e poi rimuoverlo.

2) Nel condimento rimasto in pentola soffriggere il riso con la cipolla e l'aglio fino a che non ha raggiunto un bel colore dorato.

3) Aggiungere l'acqua, i pomodori, il dado, il sale, il pepe e lo zafferano. Portare a ebollizione avendo cura di mescolare bene.

4) Sistemare il pollo sopra il riso, coprire il recipiente e cuocere a fuoco basso per trenta minuti circa, fino a che il pollo non diventa tenero.

5) Aggiungere i piselli e il peperoncino, coprire il recipiente e cuocere per altri 5 minuti. Buon appetito!

Aragosta alla Catalana

Porzioni: 2 persone

Ingredienti:

- aragosta da 500 gr., 1
- olio di oliva, 40 ml.
- cipolla, ½
- pomodori, 2
- peperone verde, 1
- zafferano, 1 bustina
- prezzemolo tritato, 2 cucchiai
- vino bianco, 20 ml.
- cognac, 1 cucchiaio
- sale e pepe, q.b.

Preparazione:

1) In una pentola abbastanza grande, portare ad ebollizione l'acqua e mentre si aspetta che bolla, legare le aragoste ad un mestolo di legno in modo che non si pieghino durante la cottura. Farle cuocere a fuoco molto basso (l'acqua deve soltanto fremere) per circa 5 minuti e poi lasciarle raffreddare coperte con un panno bagnato di acqua salata a temperatura ambiente.

2) Estrarre poi la polpa, tagliarla in pezzi, avendo cura di svuotare anche le chele. Tritare la cipolla finemente, privare dei semi i peperoni verdi e tagliarli a listarelle. Pelare, togliere i semi e tritare i pomodori.

3) In una padella versare l'olio e saltare i pezzi di aragosta a fuoco piuttosto vivace per tre minuti. Salarli, peparli e adagiarli su di un piatto. Nello stesso olio far dorare la cipolla stando attenti a non bruciarla, unire poi i peperoni, i pomodori e dare una bella mescolata.

4) Dopo 5 minuti, aggiungere il prezzemolo, il vino bianco, lo zafferano e le aragoste. Incoperchiare e continuare la cottura per altri 10 minuti.

5) Aiutandosi con la schiumarola, adagiare sul piatto di portata i pezzi di aragosta e poi ridurre la salsa facendola cuocere per qualche minuto a fuoco vivo, fiammeggiandola per ultimo col cognac. Versare la salsa sulle aragoste e servire subito. Buon appetito!

Baccalà alla Fiorentina

Porzioni: 2 persone

Ingredienti:

- baccalà ammollato, 400 gr.
- pomodori pelati, 250 gr.
- cipolla, 1 piccola
- spicchi d'aglio, 2
- prezzemolo, q.b.
- salvia,
- farina, q.b.
- olio extravergine d'oliva, q.b.
- sale e pepe, q.b.

Preparazione:

1) Privare il baccalà della pelle e pulirlo da ogni lisca. Sminuzzarlo in pezzetti uniformi. Passarli nella farina.

2) Portare a temperatura dell'olio con 1 spicchio d'aglio. Aggiungerci delle foglie di salvia. Friggerci i pezzetti di baccalà. Sgocciolarli e passarli su carta da cucina.

3) Sistemare in un tegame con dell'olio un trito d'aglio e la cipolla affettata a rondelle. Aggiungerci i pomodori e regolare con sale e pepe. Cucinare per 20 min. Circa.

4) Adagiare nel tegame i pezzi di baccalà. Cucinare per 10 min. Cospargere con trito di prezzemolo e servire. Buon appetito!

Frittata alle Cipolle

Porzioni: 2 persone

Ingredienti:

- 2 uova,
- cipolle, 200 gr.
- prezzemolo tritato, 2 cucchiai
- olio extravergine d'oliva, q.b.
- sale e pepe, q.b.

Preparazione:

1) Ridurre a julienne le cipolle. Farle soffriggere con dell'olio caldo. Allungare con 3 cucchiai di acqua. Fare stufare con il tegame coperto a fiamma dolce per 60 min. Circa. Sistemare di sale e pepe. Levare una volta cotte e scolarle dal liquido di cottura.

2) Sistemarle su della carta da cucina in modo da assorbire il liquido in eccesso. Lavorare le uova con del sale in una ciotola. Unire le cipolle e il trito di prezzemolo. Stendere in modo che ricopra il fondo del tegame un filo d'olio. Portarlo a temperatura. Vuotare il composto e far cuocere a fiamma alta. Fare rapprendere e a metà cottura girare la frittata. Terminare la cottura e servire. Buon appetito!

Frittata di Carciofi

Porzioni: 2 persone

Ingredienti:

- carciofi, 2
- uova, 4
- guanciale, q.b.

Preparazione:

1) Far cuocere i carciofi. Tagliarli a pezzetti in un po' d'olio e guanciale.

2) Aggiungere le uova sbattute e condire con sale e pepe. Ultimare la cottura e servire. Buon appetito!

Salsicce e Verza

Porzioni: 2 persone

Ingredienti:

- salsicce, 4
- cavolo verza, ¼
- vino bianco secco, ½ bicchiere
- olio, 3 cucchiai
- aceto, q.b.
- aglio, q.b.
- sale e pepe q.b.

Preparazione:

1) Punzecchiare le salsicce, adagiarle in un tegame, aggiungere due cucchiai di acqua fredda e cuocere a fuoco basso per 10 minuti girandole. Quando hanno preso un bel colore, bagnarle con il vino bianco e lasciarlo evaporare.

2) Mondare la verza, tagliarla a striscioline, insaporirla in un tegame con olio, aglio intero (che verrà tolto appena dorato) sale e pepe. Cuocere a fuoco basso, coperto, per un'ora.

3) All'ultimo momento spruzzare l'aceto, mescolare, togliere la verdura dal recipiente e disporla su un piatto da portata, adagiarci sopra il letto di verza le salsicce e servire ben caldo. Buon appetito!

Tagliata di Pesce Spada

Porzioni: 2persone

Ingredienti:

- pesce spada (già a fette sottili), 150 gr.
- limone, 1
- rucola, 120 gr.
- capperi sott'aceto, 15 gr.
- olio extravergine d'oliva, q.b.
- sale, q.b.
- pepe bianco, q.b.

Preparazione:

1) Portare ad ebollizione una pentola piena d'acqua. Adagiare le fette di pesce spada su un largo piatto piano. Formare un solo strato. Chiudere il piatto usandone un altro di uguali dimensioni. Sistemare i piatti con il pesce sulla pentola e fare cuocere per 10 min. Circa.

2) Spremere intanto il limone e filtrarne il succo. Scolare i capperi dal loro liquido di conservazione. Mondare la rucola. Sciacquarla con acqua fredda. Pulire e sbucciare la cipolla. Affettarla in anelli leggermente spessi.

3) Versare dell'olio in una terrina. Insaporire con sale e pepe. Lavorare il tutto con una forchetta. Unire il succo di limone. Sbattere ancora la salsa.

4) Levare ora i piatti con il pesce dalla pentola. Togliere il piatto sopra. Inclinare il piatto con il pesce e, se necessario, privarlo dell'eventuale liquido in eccesso. Adagiare le foglie di rucola attorno alle fette di pesce. Irrorare il tutto con la salsa preparata in precedenza. Disporre gli anelli di cipolla e aggiungerci i capperi. Servire. Buon appetito!

I Contorni

Patate in Padella

Porzioni: 2 persone

Ingredienti:

- patate, 250 gr.
- peperone dolce, 1
- olio, q.b.
- sale, q.b.

Preparazione:

1) Sminuzzare a listarelle il peperone. Lessare le patate con la buccia. Scolarle e sistemarle in acqua fredda. Sgocciolarle ancora. Eliminare la buccia. Affettarle a rondelle.

2) Sistemarle a strati in una terrina salando leggermente. Lasciarle intiepidire. Scaldare un filo d'olio, e aggiungerci le listarelle di peperone. Fare soffriggere a fiamma alta per 5 min. circa affinché l'olio si insaporisca. Versare il tutto sulle patate. Mescolare senza romperle con un cucchiaio di legno. Servire subito! Buon appetito!

Zucchine Trifolate

Porzioni: 2 persone

Ingredienti:

- zucchine, 250 gr.
- aglio, 2 spicchi
- 1/2 bicchiere di vino,
- sale e pepe, q.b.
- prezzemolo, q.b.

Preparazione:

1) Pulire e sciacquare le zucchine. Tagliarle nel senso della lunghezza.
Sminuzzarle a mezzelune.

2) Tagliare gli spicchi d'aglio a pezzetti. Farli imbiondire con un filo d'olio. Unire le zucchine e rimestare. Irrorare con il vino. Continuare la cottura a fiamma dolce. Allungare con dell'acqua tiepida in caso si asciughino troppo rapidamente.

3) Cospargere con trito di prezzemolo. Sistemare di sale e pepe e servire. Buon appetito!

Cipolle al Forno

Porzioni: 2 persone

Ingredienti:

- cipolle (grandezza media), 4
- olio extravergine di oliva, q.b.
- trito di salvia, 1 cucchiaio
- trito di rosmarino, 1 cucchiaio
- sale, pepe, q.b.

Preparazione:

1) Sbucciare le cipolle. Scottarle in acqua bollente per qualche minuto e dividerle a metà. Adagiarle in una casseruola.

2) Versare un buon goccio d'olio. Sistemare di sale. Cospargere con il trito d'erbe. Cucinare in forno già caldo. Levare non appena saranno dorate. Buon appetito!

Crema di Patate e Avocado

Porzioni: 6 persone

Ingredienti:

- patate medie, 6
- formaggio tipo stracchino, 100 g
- uova, 2
- avocado, 2
- latte, 1 litro
- sale e pepe, q.b.

Preparazione:

1) Lessare le patate con la buccia, spellarle e passarle allo schiacciapatate.

2) In una ciotola lavorare il formaggio con le uova. Diluire il composto con il latte tiepido. Aggiungere poco per volta il passato di patate, sale, pepe e far addensare a fuoco basso senza raggiungere il bollore.

3) Sbucciare gli avocado, tagliarli a pezzetti, distribuirli sul fondo di un piatto da portata e ricoprirli con la crema di patate. Servire caldo! Buon appetito!

Verdure in Agrodolce

Ingredienti:

- cipolline, 500 gr.
- carciofi, 6
- olive verdi, 100 gr.
- 1/2 cipolla rossa,
- aceto, 2 cucchiai
- zucchero, 2 cucchiai
- olio, q.b.
- sale, pepe, q.b.

Preparazione:

1) Sbucciare le cipolline e cuocerle in acqua salata per 15 minuti. Far soffriggere in una casseruola con un filo d'olio la cipolla tritata. Aggiungerci i carciofi puliti e tagliati a spicchi e le cipolline. Salare, pepare e cuocere coperto per mezz'ora.

2) Unire le olive snocciolate, l'aceto e lo zucchero. Mescolare. Lasciare cuocere per qualche minuto e servire. Buon appetito!

Sformato di Spinaci

Porzioni: 2 persone

Ingredienti:

- spinaci, 800 gr.
- prosciutto cotto, 100 gr.
- uova, 2
- parmigiano, q.b.
- burro, q.b.
- sale, pepe, q.b.

Preparazione:

1) Lessare gli spinaci freschi. Scolarli. Sminuzzarli e farli saltare con una noce di burro e aglio. Eliminare l'aglio. Regolarli di sale e di pepe.

2) Tagliuzzare finemente il prosciutto. Unirlo agli spinaci.

3) Lavorare i tuorli e il parmigiano. A parte, montare gli albumi a neve. Incorporarli delicatamente all'impasto. Mettere in forno in una pirofila alta. Far cuocere a 200°C fino a quando lo sformato sarà diventato dorato e gonfio. Togliere dal forno e servire subito. Buon appetito!

Carote al Marsala

Porzioni: 2 persone

Ingredienti:

- carote novelle, 250 g.
- prezzemolo, q.b.
- olio extravergine d'oliva, 2 cucchiai
- marsala secco, 1/2 bicchiere
- sale, q.b.

Preparazione:

1) Raschiare le carote. Sciacquarle sotto acqua corrente e asciugarle. Ridurle a rondelle sottili.

2) Sistemarle in un tegame con dell'olio. Sistemarle di sale. Insaporirle a fiamma alta. Irrorare con il marsala. Coprire con coperchio. Continuare la cottura a fiamma dolce.

3) Levare una volta che le carote saranno diventate tenere. Adagiarle sul piatto di servizio, aggiungere il prezzemolo e servire calde. Buon appetito!

Carciofi alla Diavola

Porzioni: 2 persone

Ingredienti:

- carciofi, 2
- mollica di pane, 25 gr.
- latte, q.b.
- capperi, mezzo cucchiaio
- aglio, 1 piccolo spicchio
- prezzemolo, q.b.
- olio d'oliva, q.b.
- sale, pepe, q.b.

Preparazione:

1) Sistemare in una terrina un trito di capperi, prezzemolo e aglio. Aggiungerci la mollica di pane precedentemente bagnata nel latte. Insaporire con olio, sale e pepe.

2) Pulire i carciofi. Lessarli in acqua salata per 10 min circa. Farcirli con il composto e adagiarli in una pirofila. Salare e pepare. Versarci un filo d'olio. Passare in forno. Servire ben croccanti. Buon appetito!

I Dolci

Baci di Dama

Porzioni: 2 persone

Ingredienti:

- farina, 100 gr.
- margarina, 100 gr.
- zucchero, 100 gr.
- mandorle sbucciate, 50 gr.
- nocciole sbucciate, 50 gr.
- 1 foglio di carta oleata,

Per la crema:

- margarina, 25 gr.
- cioccolato fondente, 100 gr.
- tuorlo d'uovo, 1

Preparazione:

1) Scottare le mandorle per qualche minuto in acqua bollente. Eliminare la pellicina. Farle tostare in forno con le nocciole (già prive della pellicina). Levare e sminuzzate il tutto finemente. Passare al setaccio la farina. Disporla a fontana.

2) Adagiare al centro la margarina a pezzetti. Unire lo zucchero. Aggiungerci il trito di mandorle e nocciole. Impastare bene il tutto.

3) Formare delle palline piccole. Sistemarle, distanziate l'una dall'altra, su una placca unta di margarina e foderata con una

carta oleata unta. Farle cuocere in forno per circa 30 min. Far raffreddare ed asciugare con il forno aperto.

4) Fare sciogliere la cioccolata grattugiata. Levarla dal fuoco. Unire mescolando 25 gr. di margarina. Incorporare il tuorlo d'uovo. Accoppiare i biscottini mettendo della crema nel mezzo. Lasciarli indurire prima di servirli. Buon appetito!

Biscottini alle Nocciole

Porzioni: 2 persone

Ingredienti:

- farina, 70 g.
- burro, 45 g
- zucchero a velo, 25 g
- cocco in polvere, 15 g
- fecola, 15 g
- albume d'uovo, ½
- sale, q.b.
- crema di nocciole, 50 g
- cioccolato fondente, 30 g
- nocciole sgusciate e tostate, 30 g
- panna fresca, 20 g
- burro, 20 g

Preparazione:

1) Mettere in una ciotola la farina, la fecola, lo zucchero a velo, il burro morbido a pezzetti, il cocco in polvere, un pizzichino di sale e mezzo albume. Impastare il tutto lavorando velocemente con la punta delle dita, poi trasferire la pasta sulla spianatoia, dividerla in 4 parti uguali e modellarla in altrettanti grossi cilindri di circa cm 4 di diametro.

2) Metterli in frigorifero per il tempo necessario ad indurirsi, quindi tagliare ogni cilindro in dischi di cm 2 di spessore. Sistemare tutti i dischi su una o due placche coperte da carta da forno, allineandoli distanziati tra loro, quindi passarli nel forno già a 180°C per 30 minuti circa.

3) Intanto preparare la crema: passare a lungo le nocciole al tritatutto in modo da ridurle in polvere finissima. Tagliuzzare il

cioccolato, metterlo in una ciotola insieme con la crema di nocciole, il burro, la panna e la polvere di nocciole. Immergere la ciotola in un bagnomaria caldo che verrà tenuta su fuoco moderato, fintanto che il cioccolato si sarà sciolto.

4) Togliere allora dal bagnomaria, lavorare la crema con una frusta finché diventerà omogenea, passarla in frigorifero e, al momento di usarla, lavorarla ancora per farla diventare molto soffice. Spalmare metà dei dischetti, ormai freddi, con la crema e coprirli con quelli rimasti liberi. Buon appetito!

Semifreddo al Cioccolato

Porzioni: 2 persone

Ingredienti:

- burro, 100 gr.
- zucchero a velo, 100 gr.
- uova, 3
- cioccolato fuso, 200 gr.
- rhum, q.b.

Preparazione:

1) Lavorare il burro con lo zucchero a velo fino ad ottenere una crema. Aggiungerci i tuorli. Incorporarci il cioccolato fuso. Unire 2 cucchiaini di rhum. Montare gli albumi a neve. Addensarli al composto.

2) Versare l'apparecchio in uno stampo con il buco inumidito col rhum. Sistemare in frigo per 5-6 ore. Sformare e servire accompagnato con panna. Buon appetito!

Sorbetto alle Fragole

Porzioni: 4 persone

Ingredienti:

- fragole, 400 gr.
- zucchero, 250 gr.
- succo di 1 limone,
- albume, ½

Preparazione:

1) Passare velocemente le fragole in acqua e ghiaccio. Stenderle su carta da cucina. Levare il picciolo.

2) Versare in una pentola 2 dl. D'acqua. Unirci lo zucchero e portare a bollore. Far bollire dolcemente per alcuni minuti, fino a quando in superficie non si saranno formate delle bolle. Fare intiepidire. Amalgamarci le fragole. Versarci il succo di limone. Passare il tutto al mixer. Spostare la purea in frigorifero. Farla riposare qualche ora prima di passarla nella gelatiera.

3) Montare il mezzo albume a neve ben ferma. Sistemare la purea nella gelatiera. Farla montare per 10 min. circa. Addensare a cucchiaiate l'albume montato a neve. Versare il sorbetto in una vaschetta, non appena sarà pronto. Spostarlo nel frigorifero fino al momento del servizio. Buon appetito!

Lunette al Gianduia

Porzioni: 2 persone

Ingredienti:

- cioccolato gianduia, 200 gr.
- panna da montare, 125 gr.
- rum, 1 cucchiaio
- nocciole tritate, 100 gr.
- cioccolato fondente, 150 gr.
- stampini in metallo a forma di lunette, 7
- quadretti argentati di zucchero per guarnire, q.b.

Preparazione:

1) Fare sciogliere a bagnomaria il cioccolato gianduia con la panna. Porre in frigo per rassodare il composto. Riprenderlo e mescolarlo energicamente per ottenere un impasto cremoso. Unire quindi il rum e le nocciole.

2) Sciogliere il cioccolato fondente a bagnomaria. Riempire con questo sette stampini da otto cioccolatini l'uno. Mettere in frigo per due o tre minuti quindi riprenderli, versare nella casseruola già usata il cioccolato rimasto fuso e riempire con il composto l'interno delle lunette.

3) Rimettere in frigo a rassodare quindi riprenderle e coprire con il cioccolato rimasto. Una volta rassodate, estrarre le lunette picchiettando un angolo degli stampini sul bordo del tavolo e creare con il cioccolato rimasto delle piccole strisce. Decorare con quadrettini argentati di zucchero. Buon appetito!

Tortino alla Crema di Ricotta

Porzioni: 2 persone

Ingredienti:

Per la pasta frolla:

- 200 gr. di farina,
- 120 gr. di burro,
- 70 gr. di zucchero,
- 1 tuorlo,
- una presa di sale,
- scorza di limone;

Per il ripieno:

- 500 gr. di ricotta,
- 150 gr. di zucchero,
- 3 cucchiai di succo di limone,
- scorza di limone,
- 6 fogli di gelatina (colla di pesce - gelatina alimentare),
- 3/8 di litro di panna (375 ml),
- 3 cucchiai di vino bianco,
- una bustina di zucchero vanigliato

Preparazione:

1) Preparazione della pasta:

Setacciare la farina sulla spianatoia e formare al centro la fontana. Versarci il tuorlo, lo zucchero, il sale e la scorza di limone. Mettere il burro freddo a fiocchetti sul bordo dell'incavo. Partendo dal centro, impastare velocemente il tutto fino ad ottenere una pasta liscia che verrà lasciata riposare in frigorifero per due ore. Accendere il forno. Sulla spianatoia infarinata stendere la pasta in due dischi di 26 cm di diametro. Cuocerli in forno sulla placca imburrata (oppure usare la carta forno) a 190°C per 10/12 minuti. Dividere uno dei due dischi ancora caldo in 12 parti uguali. Far raffreddare in due dischi.

2) Preparazione della crema di ricotta:

Mescolare la ricotta con lo zucchero semolato, lo zucchero vanigliato, il succo e la scorza di limone. Riscaldare il vino bianco e sciogliere i fogli di gelatina precedentemente ammollati in acqua fredda. Montare la panna ben soda. Incorporare la gelatina e la panna nel composto di ricotta. Adagiare il disco di pasta intero in uno stampo a cerniera e foderarne il bordo con carta oleata. Versare la crema di ricotta e livellarla. Mettere la torta in frigorifero a rassodare. Toglierla dallo stampo, levare il bordo di carta e ricoprirla con il disco suddiviso. Spolverizzare di zucchero a velo. Buon appetito!

Strudel di Mele

Porzioni: 2 persone

Ingredienti:

Per la pasta:

- farina, 150 g
- olio extravergine di oliva, 2 cucchiai
- acqua tiepida, 50 ml circa
- sale, 1 cucchiaino

Per la farcia:

- mele, 600 g
- pane grattato, 80 g
- limone spremuto, ½
- zucchero, 1 cucchiaio
- uvetta, 20 g
- cannella, 1 cucchiaino
- burro, q.b.
- latte leggermente zuccherato, 1/2 bicchiere circa

Preparazione:

1) Mettere in ammollo l'uvetta in acqua tiepida. Sistemare a fontana la farina. Impastare con olio, acqua e sale. Lavorare fino ad ottenere un impasto omogeneo. Oliare l'impasto e far riposare in un luogo caldo per 60 min. circa.

2) Sistemare sul piano di lavoro un panno grande cosparso di farina. Spianarci sopra la pasta con le mani facendo attenzione a non sfaldarla.

3) Levare la buccia dalle mele. Privarle del torsolo. Tagliarle a fette sottili. Irrorarle con succo di limone e zucchero.

4) Far saltare il pangrattato in un tegame con del burro. Togliere e far freddare.

4) Spolverare metà della pasta stesa con il pangrattato. Adagiarci sopra le fette di mela sgocciolate dal succo. Unire l'uvetta scolata dall'acqua. Cospargere di zucchero e cannella. Sistemare delle noci di burro.

6) Avvolgere lo strudel. Sistemarlo in una placca precedentemente unta. Infornare per 45 min. a 170°C. Fare trascorrere circa 30 min. di cottura e pennellare lo strudel con il latte zuccherato. Servire. Buon appetito!

Crema Catalana

Porzioni: 6 persone

Ingredienti:

- 7 dl. e mezzo di latte
- 2 dl. e mezzo di panna
- 6 tuorli
- 1 cucchiaio di amido di mais (facoltativo)
- 190 gr. di zucchero
- scorza grattugiata di mezzo limone
- 1 stecca di cannella
- 1 baccello di vaniglia

Preparazione:

1) Diluire l'amido di mais con poco latte freddo. Versare il tutto in una casseruola con il resto del latte. Aggiungerci la panna, la scorza del limone (solo la parte gialla). Unire la cannella e la vaniglia. Spostarlo sul fuoco. Rimestare dolcemente. Levare non appena avrà preso il bollore.

2) Spaccare le uova in una terrina. Unirci 150 gr. di zucchero. Lavorare il tutto con la frusta fino ad ottenere un composto omogeneo. Allungare con il latte caldo precedentemente filtrato in modo da eliminare la cannella e la vaniglia. Porre sul fuoco a fiamma media. Rigirare continuamente ed evitare il bollore. Togliere dal fuoco non appena la crema si sarà addensata fino a velare il cucchiaio. Vuotarla nelle coppette individuali e lasciare che si raffreddi. Spostarle in frigorifero per 4 o 5 ore circa.

3) Sistemare il restante zucchero in un pentolino con 2 cucchiai di acqua. Cuocere a fuoco dolce fino ad ottenere un caramello scuro. Velare le coppette. Mettere nuovamente in frigorifero per 1 ora. Servire. Buon appetito!

CPSIA information can be obtained
at www.ICGtesting.com
Printed in the USA
LVHW061324300321
682947LV00002B/82